Tom Thaler

Markov-basiertes Process Mining

GRIN - Verlag für akademische Texte

Der GRIN Verlag mit Sitz in München hat sich seit der Gründung im Jahr 1998 auf die Veröffentlichung akademischer Texte spezialisiert.

Die Verlagswebseite www.grin.com ist für Studenten, Hochschullehrer und andere Akademiker die ideale Plattform, ihre Fachtexte, Studienarbeiten, Abschlussarbeiten oder Dissertationen einem breiten Publikum zu präsentieren.

Dokument Nr. V168019 aus dem GRIN Verlagsprogramm

Tom Thaler

Markov-basiertes Process Mining

GRIN Verlag

Bibliografische Information der Deutschen Nationalbibliothek: Die Deutsche Bibliothek
verzeichnet diese Publikation in der Deutschen Nationalbibliografie; detaillierte bibliografische Daten sind im Internet über http://dnb.d-nb.de/ abrufbar.

1. Auflage 2011
Copyright © 2011 GRIN Verlag
http://www.grin.com/
Druck und Bindung: Books on Demand GmbH, Norderstedt Germany
ISBN 978-3-640-84921-5

IWI – Institut für Wirtschaftsinformatik

Markov-basiertes Process Mining

Seminararbeit

B. Sc. Tom Thaler

09.12.2010

Inhaltsverzeichnis

Abkürzungsverzeichnis

BAM	Business Activity Monitoring
BPA	Business Process Analyses
BPM	Business Process Management
CRM	Customer Relationship Management
ERP	Enterprise Resource Planing
EPK	Ereignisgesteuerte Prozesskette
FSM	Finite State Maschine
HMM	Hidden Markov Model
QoS	Quality of Service
SCM	Supply Chain Management
VMM	Visible Markov Model
WFM	Workflowmanagement
WFMS	Workflowmanagementsystem

Abbildungsverzeichnis

Tabellenverzeichnis

1. Einleitung und Motivation

Seit Anfang der 1990er Jahre hält die modellbasierte Ausführung von Prozessen immer mehr Einzug in Unternehmen und deren Informationssysteme. Beispielsweise werden im Bereich der Software-Entwicklung vor der Implementierung Modelle, der zu unterstützenden Prozesse, erstellt, sodass Missverständnisse im Vorfeld beseitigt werden und somit die Erfolgsaussichten eines Projektes gesteigert werden. Gleiches gilt im betrieblichen Kontext – idealerweise werden hier Prozessmodelle entworfen, welche später in die Ausführung durch menschliche oder maschinelle Ressourcen überführt werden. Geschäftsprozessmanagement- oder Workflowmanagementsysteme sind heute sogar in der Lage die grafisch visualisierten Modelle direkt und ohne Umwege auszuführen.

Alle an einem solchen Prozess beteiligten Informationssysteme, beispielsweise ERP (Enterprise Ressource Planung), CRM (Customer-Relationship-Management) oder SCM (Supply Chain Management), stellen Informationen zu den einzelnen Prozessschritten bereit, wodurch das Monitoring und die Analyse der Prozesse ermöglicht wird. Die Technologien dazu fallen unter die Schlagwörter BPA (Business Process Analysis) und BAM (Business Activity Monitoring). Die Existenz dieser und anderer Schlagwörter kennzeichnen die Notwendigkeit entsprechender Software, wobei Process Mining einen entscheidenden Beitrag liefert.

Das Ziel des Process Mining besteht in der Extraktion explizierter Prozessmodelle anhand der protokollierten Prozessinformationen, welche im Allgemeinen in Log-Dateien abgelegt werden. Dabei sollen nicht nur die Prozessabläufe analysiert, sondern auch kausale Zusammenhänge zwischen den einzelnen Aktivitäten hergestellt werden. Hier müssen allerdings bestimmte Annahmen getroffen und Hindernisse überwunden werden.

In Kapitel 2 der vorliegenden Arbeit wird deshalb zunächst auf das Process Mining im Allgemeinen eingegangen. Hier werden die Grundlagen vermittelt, die für das korrekte Verständnis der Problemstellung notwendig sind, sowie ein Ordnungsrahmen entworfen, um die verschiedenen Themenfacetten korrekt einordnen zu können. Kapitel 3 setzt sich mit Markov Modellen auseinander, um die Grundlagen für das Verständnis der nachfolgenden Kapitel zu vermitteln. Kapitel 4 beschäftigt sich anschließend mit dem Process Mining im Speziellen – genauer gesagt mit der Theorie und der Anwendung von Markov Ketten im Process Mining. Dieses Kapitel stellt somit den Schwerpunkt der Arbeit dar. Anschließend werden die gewonnenen Kenntnisse in Kapitel 5 zusammengefasst und im Fazit konkretisiert.

2. Process Mining

2.1 Begriffsklärung

Der Begriff des Process Mining, häufig in der Literatur auch als Workflow Mining oder Control Flow Mining bezeichnet, hat seinen Ursprung im Data Mining. Beim Data Mining wiederum handelt es sich um einen Begriff mit populärwissenschaftlichem Ursprung, welcher sowohl in den Natur- als auch in den Wirtschaftswissenschaften genutzt wird[1]. Aufgrund des engen Bezugs soll zunächst eine grundlegende Definition des Data Mining angeboten werden.

Data Mining beschreibt „die Extraktion implizit vorhandenen, nicht trivialen und nützlichen Wissens aus großen, dynamischen, relativ komplex strukturierten Datenbeständen. [...]". Es wird versucht „Muster zu identifizieren, daraus Regeln abzuleiten, Unterschiede zwischen Gruppen von Datensätzen zu erkennen, diese Gruppen beschreibende Attribute zu bestimmen, die repräsentativsten Beispiele zu finden und Gleichungen zu konstruieren, die für numerische Variablen gelten".[2]

Das Process Mining, als eine spezielle Form des Data Mining, zielt auf ein bestimmtes Wissen ab – das Prozesswissen[3]. Demnach wird versucht, aus vorhandenen Datenbeständen genau das Wissen zu extrahieren, welches für die Beschreibung eines Prozesses notwendig ist.

Ebenfalls beschreiben Bissantz und Hagedorn[4], ebenso wie Peterson[5] in Ihren Beiträgen allgemeine Charakteristiken, welche für Verfahren, die dem Data Mining zuzuordnen sind, typisch erscheinen:

- „limately understandable": Die gewonnen Informationen werden in verständlicher Form (z.b. Text oder Grafik) präsentiert oder von einer Software weiterverarbeitet.

- „valid": Die generierten Thesen sind mit einer statistischen Sicherheit versehen.

- „novel": Der Fokus liegt auf neuen Erkenntnissen.

---

[1]H. Petersohn: Data Mining: Verfahren, Prozesse, Anwendungsarchitektur; Oldenbourg Wissenschaftsverlag 2005, S. 8
[2]N. Bissantz; J. Hagedorn: Data Mining (Datenmustererkennung) , In: Wirtschaftsinformatik Volume 35 (1993), S. 481
[3]Van der Aalst, W: Process Mining, In: Liu, Ling; Özsu, M.T.: Encyclopedia of Database Systems, Springer 2009, S. 2173
[4]N. Bissantz; J. Hagedorn: Data Mining (Datenmustererkennung) , In: Wirtschaftsinformatik Volume 35 (1993), S. 481
[5]H. Petersohn: Data Mining: Verfahren, Prozesse, Anwendungsarchitektur; Oldenbourg Wissenschaftsverlag 2005, S. 9

- „non-trivial": Die ermittelten Informationen sind nicht trivial.
- „potential useful": Die gewonnenen Information sind nicht immer offensichtlich bewertbar, aber nützlich.
- „runtime": Die Laufzeit des Mining-Prozesses liegt in einem vertretbaren Rahmen und sollte in Abhängigkeit der Anzahl der zu untersuchenden Datensätze nicht stärker als ein Polynom niedrigen Grades steigen.

Der Bezug dieser Charakteristiken wird in den nachfolgenden Kapiteln verdeutlicht.

2.2 Sichten des Process Mining

Beim Process Mining wird zwischen drei grundlegenden Sichten unterschieden: der Prozesssicht, der Organisationssicht und der Fallsicht[6].

Bei der Prozesssicht liegt der Fokus auf dem Kontrollfluss, also beispielsweise der Reihenfolge von Aktivitäten. Das Ziel dieser Sichtweise ist die Erfassung eines Modells, welches alle möglichen Prozesspfade bestmöglich abbildet. Dies wird im Allgemeinen mit Petri-Netzen, Ereignisgesteuerte Prozessketten (EPK) oder endlichen Zustandsautomaten (FSM = Finite State Machine) realisiert. Der Fokus der vorliegenden Arbeit liegt auf der Prozesssicht.

Die Organisationssicht beschäftigt sich mit den innerbetrieblichen Organisationsstrukturen. Es wird also beispielsweise untersucht, welche Akteure an einem Prozess beteiligt sind und in welcher Beziehung diese zueinander stehen. Es wird auf diese Weise eine Art soziales Netzwerk erstellt, welches Gruppen, Zugehörigkeiten und Beziehungen abbildet.

Die Fallsicht fokussiert sich auf die Eigenschaften einzelner Prozessinstanzen. Diese Fälle können nicht nur durch die Prozesspfade oder die zugehörigen Akteure charakterisiert werden, sondern vielmehr auch über fallspezifische Werte, wie beispielsweise die Anzahl an Produkten in einer Bestellung.

2.3 Einsatzmöglichkeiten

Die Grundidee des Process Mining besteht in der Identifizierung, dem Monitoring und der Optimierung von realen Prozessen durch die Extrahierung von

---

[6] Van der Aalst, W.M.P.: Business Alignment – Using Process mining as a Tool for Delta Analysis, In: Requirements Engineering, Volume 10, Springer 2005, S. 201f

Wissen aus Ereignisprotokollen[7]. Auf diese unterschiedlichen Einsatzmöglich-keiten soll im Folgenden kurz eingegangen werden.

Der naheliegendste Gedanke ist die Identifikation der Ablaufstrukturen im Un-ternehmen. Bisher führte der Weg zu einem Prozessmodell beispielsweise über die Durchführung von Interviews, wobei Mitarbeiter zu Ihren „eigenen" Pro-zessen befragt werden. Modelle, die mit Process Mining-Technologien gewon-nen werden, sind, anders als Modelle, die mit klassischen Techniken entwickelt werden, objektiv und reflektieren somit den tatsächlichen Prozessablauf. Man bezeichnet dieses Vorgehen zur reinen Prozessidentifikation als „Process Dis-covery".

Sollte bereits ein Prozessmodell vorhanden sein, so können auch hier sinnvolle Einsatzmöglichkeiten identifiziert werden. Das ermittelte Prozessmodell kann dazu genutzt werden, es mit dem bereits a priori vorhanden Prozessmodell zu vergleichen. Somit werden Diskrepanzen zwischen dem Soll-Zustand und dem Ist-Zustand identifiziert und analysiert. Man spricht dabei von der Delta-Analyse[8], die Einsatzmöglichkeit wird im Allgemeinen als „Conformance" bezeichnet. Weiterhin kann die „Conformance" auch durch Organisationsmo-delle, Business Rules, Qualitätsanforderungen (Quality of Service = QoS) und vielen mehr geprüft werden[9].

Grobe und häufige Abweichung des Ist-Zustands vom Soll-Zustand stellen jedoch die Korrektheit sowie die Angemessenheit des a priori Modells in Fra-gen. Somit besteht ebenfalls die Möglichkeit, das a priori Modell durch die Erkenntnisse der Delta-Analyse zu adaptieren und somit an die realen Struktu-ren anzugleichen. Folglich kann Process Mining ebenfalls als eine Methode zur Verbesserung der Prozessqualität durch Ableitung von Prozesswissen verstan-den werden[10].

Ferner können die gewonnenen Prozessinformationen genutzt werden, um das a priori Modell zu erweitern. Hierbei wird ohne die vorherige Überprüfung der „Conformance" eine Anreicherung des vorhandenen Modells mit neuen Infor-

[7] Van der Aalst, W.M.P.: Process Mining, In: Liu, Ling; Özsu, M.T.: Encyclopedia of Database Systems, Springer 2009, S. 2171
[8] Van der Aalst, W.M.P: Business Alignment: Using Process Mining as a Tool for Delta Analy-sis, In. CAiSE Workshops (2), 2004, S. 144
[9] Van der Aalst, W.M.P.: Process Mining, In: Liu, Ling; Özsu, M.T.: Encyclopedia of Database Systems, Springer 2009, S. 2172
[10] Ly, L.T.: Process Mining – Bestehende Ansätze und weiterführende Aspekte, S. 7, http://dbis.eprints.uni-ulm.de/543/, Zugang erforderlich, Abrufdatum: 14.10.2010

mationen (z.b. Performance-Daten) durchgeführt[11]. Dies bezeichnet man als „Extension".

2.4 Grundkonzepte

2.4.1 Einführung

In diesem Teilkapitel soll das generelle Vorgehen beim Process Mining vermittelt werden. Es existiert bereits eine große Anzahl an methodischen Ansätzen, in der nachfolgenden Erläuterungen wird jedoch auf den α-Algorithmus Bezug genommen, da dieser die Grundlage für diverse weitere Algorithmen, wie beispielsweise den α+ oder den β-Algorithmus bildet.

2.4.2 Annahmen

Wie bereits angesprochen soll durch das Process Mining Prozesswissen über Ereignis-Protokolle (im Folgenden „Logs" genannt) extrahiert werden. Bezüglich dieser Logs müssen einige Annahmen[12] getroffen werden, welche für deren Interpretation obligatorisch sind:

1. Jedes Ereignis verweist auf eine Aktivität (Task)
2. Jedes Ereignis verweist auf eine Prozessinstanz (Case)
3. Jedes Ereignis hat einen Initiator auf welchen verwiesen wird
4. Jedes Ereignis hat einen Zeitstempel

Tabelle 1 stellt ein solches Event-Log exemplarisch dar.

Case	Task	Initiator	Timestamp
1	A	John	9-10-2010 15:01
2	A	John	9-10-2010 15:12
3	A	Sue	9-10-2010 16:03
3	D	Carol	9-10-2010 16:07
1	B	Mike	9-10-2010 18:25
1	H	John	10-10-2010 09:23
2	C	Mike	10-10-2010 10:34
4	A	Sue	10-10-2010 10:35
2	H	John	10-10-2010 12:34
3	E	Pete	10-10-2010 12:50

---

[11] Van der Aalst, W.M.P.: Process Mining, In: Liu, Ling; Özsu, M.T.: Encyclopedia of Database Systems, Springer 2009, S. 2172
[12] Van der Aalst, W.M.P.: Decision Support Based on Process Mining, In: Burstein, F; Holsapple C.W.: Handbook on Decision Support Systems 1 – Basic Themes, International Handbooks on Information Systems 2008, S. 640

3	F	Carol	11-10-2010 10:12
4	D	Pete	11-10-2010 10:14
3	G	Sue	11-10-2010 10:44
3	H	Pete	11-10-2010 11:03
4	F	Sue	11-10-2010 11:18
4	E	Clare	11-10-2010 12:22
4	G	Mike	11-10-2010 14:34
4	H	Clare	11-10-2010 14:38

Tabelle 1: Event-Log (Beispiel)[13]

2.4.3 Log-basierte Ordnungsrelationen

Um den in Tabelle 1 vorgestellten Log auswerten und in ein Modell (in diesem Fall Petri-Netz) überführen zu können, bedarf es einiger Regeln. Im Falle des α-Algorithmus, ebenso wie in diverse anderen Algorithmen werden dazu Ordnungsrelationen eingesetzt, welche die notwendigen Regeln zur Interpretation des Logs zur Verfügung stellt:[14]

Sei T eine Menge von Tasks, W ein Workflow Log über T und $\sigma \in T$ ein Log Trace, sodass $W \in P(T) \land a, b \in T$.

1. *Direkter Nachfolger: $a >_w b, falls$*

   $\exists \sigma = t_1 t_2 t_3 \dots t_{n-1} \exists i \in 1, \dots, n-2 \; : \; \sigma \in W \land t_i = a \land t_{i+1} = b$

   D.h. in irgendeinem Log Trace σ tritt Task a vor Task b auf. Diese Relation bildet die Grundlage, auf welcher alle weiteren Relationen aufbauen.

2. *Kausalität: $a \rightarrow_w b, falls \; a >_w b \land b \not>_w a$*

   D.h. wenn Task a und Task b zusammen auftreten, folgt immer b auf a

3. *Auswahl: $a \#_w b, falls \; a \not>_w b \land b \not>_w a$*

   D.h. Task a und Task b können nicht zusammen in σ auftreten. Das bedeutet, dass immer nur einer der beiden Tasks aufgeführt werden kann, was wiederum einem OR-Konstrukt entspricht.

4. *Parallelität: $a \|_w b, falls \; a >_w b \land b >_w a$*

---

[13] Eigene Erstellung in Anlehnung an: Van der Aalst, W.M.P.: Decision Support Based on Process Mining, In: Burstein, F; Holsapple C.W.: Handbook on Decision Support Systems 1 – Basic Themes, International Handbooks on Information Systems 2008, S. 641

[14] Maruster, L; Weijters, A; van der Aalst, W: Workflow Mining – Discovering process models from event logs, In: IEEE Transactions on Knowledge and Data Engineering Volume 16, 2004, S. 1134

D.h. es wird sowohl Task a als auch Task b ausgeführt, die Reihenfolge ist dabei beliebig. Dies entspricht einem AND-Konstrukt.

2.4.4 Mining-Prozess

2.4.4.1 Pre-Processing

Die erste von allgemein drei Phasen des Mining-Prozesses beschäftigt sich mit der Extraktion der relevanten Log-Traces aus den vorhandenen Logs. Da Log-Dateien zu einem bestimmten Zeitpunkt aus den Systemen exportiert werden ist absehbar, dass einige Prozessinstanzen nicht vollständig ausgeführt wurden. Ebenfalls existieren in manchen Fällen Prozessinstanzen, welche aufgrund von Fehlern abgebrochen wurden und somit ebenfalls nicht vollständig sind. Diese Log-Traces würden in der eigentlichen Processing-Phase unerwünschte Effekte verursachen, da Prozesse analysiert würden, welche so nicht existieren. Aus diesem Grund müssen die entsprechenden Log-Einträge entfernt werden.

Beim Process Mining handelt es sich prinzipiell um einen induktiven Lernprozess aus Beispielen[15]. Hierbei kann durchaus zwischen positiven und negativen Beispielen unterschieden werden, wobei es sich bei positiven Beispielen um korrekt ausgeführte Prozess-Instanzen und bei negativen Beispielen um fehlerhaft Ausführung oder Abbrüche handelt. Die Analyse der negativen Beispiele kann dabei als das Lernen aus Fehlern verstanden werden. Es wäre an dieser Stelle also auch denkbar, statt der korrekten Instanzen, die fehlerhaften Instanzen zu selektieren. Allerdings gestaltet sich die Unterscheidung zwischen positiven und negativen Beispielen in der Praxis als zu kompliziert, da die notwendigen Informationen in den Logs selten vorhanden sind. Deshalb, und aufgrund der Tatsache, dass aktuelle Ansätze ausschließlich mit positiven Beispielen arbeiten, wird hier versucht die fehlerhaften Log-Traces zu entfernen, bzw. die fehlerfreien Log-Traces zu selektieren. Im Beispiel sähe das wie folgt aus:

$$W_1 = A, B, H$$

$$W_2 = \{A, C, H\}$$

$$W_3 = \{A, D, E, F, G, H\}$$

$$W_4 = \{A, D, F, E, G, H\}$$

---

[15] Herbst, J: Ein induktiver Ansatz zur Akqusition und Adaption von Workflow-Modellen, Tenea Verlag für Media, Berlin 2004, S. 8ff

Nun werden benötigen Ordnungsrelationen als Vorarbeit für verschiedene Algorithmen (im Beispiel, der α-Algorithmus[16]) ermittelt.

$A \to B, A \to C, A \to D, B \to H, C \to H, D \to E, D \to F, E \to G, F \to G,$

$G \to H, B\#C, C\#D, B\#D, E||F$

2.4.4.2 Processing

Die Processing-Phase ist die Kern-Phase des Process Mining. Hier kommt der eigentliche Algorithmus zur Anwendung, worin sich ebenfalls der Forschungsschwerpunkt auf diesem Gebiet befindet.

Auf Basis der generierten Relationen kann nun ein Petri-Netz konstruiert werden (siehe Abb. 1).

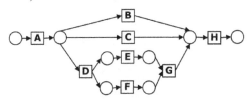

Abb. 1: Petri-Netz (Beispiel)[17]

2.4.4.3 Post-Processing

Nach der Erstellung des Prozess-Modells kann, zusammen mit den ursprünglichen Logs, eine Erweiterung des Modells mit zusätzlichen Informationen vorgenommen werden. Durch die Simulation der im Log vorhandenen Prozess-Instanzen können so beispielsweise statistische Werte, wie Häufigkeiten oder Wahrscheinlichkeiten berechnet werden und in das Modell integrierte werden.

---

[16]Maruster, L; Weijters, A; van der Aalst, W.M.P.: Workflow Mining – Discovering process models from event logs, In: IEEE Transactions on Knowledge and Data Engineering Volume 16, 2004, S. 1128-1142
[17]Van der Aalst, W.M.P.: Decision Support Based on Process Mining, In: Burstein, F; Holsapple C.W.: Handbook on Decision Support Systems 1 – Basic Themes, International Handbooks on Information Systems 2008, S. 641

2.4.5 Herausforderungen

Die vorgestellten Ordnungsrelationen stellen ein Grundkonzept des Process Mining dar, auf welchem zahlreiche Ansätze aufbauen. Dieses Konzept ist jedoch nicht ausreichend für den eigentlichen Prozess des Process Mining, da sich diverse Problemstellungen ergeben, welche es als Herausforderungen zu bearbeiten gilt. Die wichtigsten Problemstellungen sollen im Folgenden kurz erläutert werden.

- *Rauschdaten:* Informationen können bei der Protokollierung verloren gehen oder aufgrund von Verzögerungen an einer falschen Stelle erscheinen. Ebenfalls könnten, für die Prozessausführung irrelevante Ereignisse, wie beispielsweise private Telefonate mitprotokolliert werden. Diese Situationen verursachen fehlerhafte Kausalbeziehungen und somit fehlerhafte Relationen, welche wiederum das Ergebnis verfälschen.

- *Versteckte Tasks:* Werden Prozessschritte manuell ausgeführt, besteht die Gefahr, dass diese nicht protokolliert werden. Gleiches gilt für Prozesspfade, die nicht, oder nur selten ausgeführt werden. Da nur im Log sichtbare Tasks aufgedeckt werden können, kann dies ein Ergebnis hervorrufen, welches nicht der Wirklichkeit entspricht.

- *Doppelte Tasks:* Es handelt sich um Situationen, in denen eine Aktivität unterschiedlichen Knoten im Prozessmodell zugeordnet ist, was ein mehrfaches Auftreten dieser Aktivität im Workflow-Log zur Folge hat.

- *Parallele / konkurrierende Tasks:* Häufig spielt die Reihenfolge in der Ausführung einer Trace-Sequenz keine Rolle, da die enthaltenen Aktivitäten parallel ablaufen können. Je nach Algorithmus ist es jedoch schwierig die Parallelität zu erkennen. Beispielsweise betrachtet der α-Algorithmus jeden Prozessschritt als atomar, sodass auf Parallelität nur dann geschlossen werden kann, wenn die Ausführungsreihenfolge der Aktivitäten in den Prozessinstanzen variiert.

- *Nicht-wahlfreie Konstrukte:* Das Vorgehen anhand der erläuterten Ordnungsrelationen berücksichtigt stets nur die Beziehungen direkt benachbarter Aktivitäten. Bestehen in einem Prozess Abhängigkeiten zwischen nicht direkt benachbarten Prozessschritten gehen diese Abhängigkeiten verloren, was als das „non-free-choice"-Problem bezeichnet wird[18].

- *Schleifen:* Die vorgestellte Ordnungsrelation ermöglicht keine Erfassung von zyklischen Abläufen, da unerwartete Phänomene, wie bei-

---

[18]Sun, J; Wand, J; Wen, L, van der Aalst, W.M.P.: Mining process models with non-free-choice constructs, In: Data Mining and Knowledge Discovery, Volume 15 (2007), S. 156f

spielsweise die Erkennung einer Parallelität, im Falle eines Zyklus mit zwei Tasks, erfasst würden.

- *Fehlerbehandlung:* In der Ausführung von Prozessen können Fehler, sowohl menschlicher als auch technischer Natur auftreten, wodurch der Prozess sein Ziel verfehlt oder ineffizient wird. Im Gegensatz zu den Rauschdaten, tritt hier also ein Fehler während der Ausführung und nicht während der Protokollierung auf.

- *Datenerfassung von verschiedenartigen Quellen:* Gerade beim Einsatz des Process Mining zum Process Discovery (siehe Kapitel 2.3) werden die Workflow-Logs nicht durch eine einzelne Software erstellt. In diesem Stadium werden in der Prozessausführung häufig viele Systeme miteinander kombiniert, sodass der Mining Process mit verschiedenartigen Logs arbeiten muss.

2.5 Methoden

Bisherige Ansätze im Process Mining können in drei methodische Kategorien unterteilt werden: algorithmische Verfahren, statistische Verfahren und hybride Verfahren[19].

Algorithmische Verfahren konstruieren ein Prozessmodell auf Basis von Ordnungsrelationen, ähnlich den Vorgestellten (Kapitel 2.4.3). Beim α-Algorithmus handelt es sich demnach um einen algorithmischen Ansatz, dessen Ordnungsrelationen immer genau zwei Ereignistypen betrachten. Andere Algorithmen in diesem Segment (z.B. Ktail), betrachten allerdings durchaus auch ganze Ereignissequenzen, wodurch entfernte Abhängigkeiten eher Aufgedeckt werden können.

Statistische Verfahren (z.B. RNet), auch neuronale Netzwerke genannt, konstruieren ein Prozessmodell hingegen auf Grundlage von Häufigkeiten bzw. Wahrscheinlichkeiten von Trace-Sequenzen. Aus diesem Grund können statistische Verfahren im Allgemeinen besser mit Rauschdaten umgehen, da diese verhältnismäßig selten auftreten und durch eine bestimmte Parametrisierung der Algorithmen ausgeblendet werden können.

Die hybriden Verfahren vereinen algorithmische und statistische Verfahren. Häufig wird dabei das Grundmodell algorithmisch erstellt, wobei durch statistische Verfahren die Behandlung von Rauschdaten realisiert wird. Beim Mar-

---

[19]Ly, L.T.: Process Mining – Bestehende Ansätze und weiterführende Aspekte, S. 26, http://dbis.eprints.uni-ulm.de/543/, Zugang erforderlich, Abrufdatum: 14.10.2010

kov-Ansatz handelt es sich um ein hybrides Verfahren, wodurch der Fokus der vorliegenden Arbeit in diesem Segment anzusiedeln ist.

2.7 Ordnungsrahmen

Auf Basis der vorhergehenden Teilkapitel wird nun zusammenfassend ein tabellarische Ordnungsrahmen erstellt, um einerseits einen aggregierten Überblick über die Thematik zur Verfügung zu stellen und andererseits eine Abgrenzung bzw. eine Einordnung des Fokus der vorliegenden Arbeit in den Gesamtkontext zu ermöglichen.

Die hellgrau hinterlegten Zellen in der nachfolgenden Tabelle stellen die Bereiche dar, auf welche die Markov Methode im Process Mining eingeht. Demnach zielt dieser Ansatz primär auf die Behandlung von Rauschdaten und Parallelen bzw. konkurrierenden Tasks und Schleifen ab, worauf in Kapitel 4 detailliert Bezug genommen wird.

Sichten	Prozesssicht		Organisationssicht		Fallsicht
Einsatzmöglichkeiten	Process Discovery	Conformance	Process Adaption		Extension
Phasen	Pre-Processing		Processing		Post-Processing
Methoden	algorithmisch		statistisch		hybrid
Problemstellungen	Rauschdaten	Versteckte Tasks	Doppelte Tasks		Parallele / konkurrierende Tasks
	Nicht-wahlfreie Konstrukte	Schleifen	Fehlerbehandlung		Datenerfassung von verschiedenartigen Quellen

Tabelle 2: Ordnungsrahmen Process Mining[20]

---

[20] Eigene Erstellung

3. Markov Modelle

3.1 Einführung

Der Begriff „Markov Modell" ist auf dessen Entwickler Andrei A. Markov (1856-1922) zurückzuführen. Markov Modelle werden heute in vielen wissenschaftlichen Disziplinen, wie beispielsweise der Bioinformatik[21], den Sozial- und Wirtschaftswissenschaften[22], der Linguistik[23] u.s.w., intensiv zur Abbildung von wahrscheinlichkeitstheoretischen Zuständen und den zugehörigen Übergängen innerhalb eines Systems genutzt.

3.2 Markov-Ketten

Markov Modelle greifen dabei auf Markov-Ketten zurück, wobei es sich stochastisch gesehen um eine Folge von Zufallsvariablen handelt. Die wesentlichen Eigenschaft, bzw. Annahme ist hierbei, dass das Verhalten zum jeweils nächsten Zeitpunkt ausschließlich jeweils aktuellen Wert abhängig ist und nicht davon, welche Werte vorher angenommen wurden.[24] Formal lässt sich die die Markov-Kette wie folgt definieren:

„Eine Folge $X_0, X_1, \dots$ von Zufallsvariablen [...] mit Werten E heißt [...] eine Karkov-Kette mit Zustandsraum E und Übergangsmatrix Π, wenn für alle $n > 0$ und $x_0, \dots, x_{n+1} \in E$ gilt:

$$P\left(X_{n+1} = x_{n+1} \mid X_0 = x_0, \dots, X_n = x_n\right) = \Pi(x_n, x_{n+1}),$$

sofern $P\left(X_0 = x_0, \dots, X_n = x_n\right) > 0$. [...]"[25]

Es handelt sich bei der Markov-Kette demnach um ein mathematisches Modell, welches die Berechnung sequenzieller Abhängigkeiten von Einheiten in einer linearen Verkettung, auf Grundlage von Übergangswahrscheinlichkeiten vornimmt.[26]

---

[21] Hütt, M., Dehnert, M.: Methoden der Bioinformatik – Eine Einführung, Springer, S. 77ff
[22] Marinell, G.: Mathematik für Sozial- und Wirtschaftswissenschaftler, 7. Auflage, Oldenbourg, S. 487ff
[23] Köhler, R.; Altmann, G.; Piotrowski, R.G.: Quantitative Linguistik – Ein Internationales Handbuch, de Gruyter 2005, S. 3ff
[24] Georgi, H.: Stochastik – Einführung in die Wahrscheinlichkeitstheorie und Statistik, 3. Auflage, de Gruyter 2007, 153ff
[25] Georgi, H.: Stochastik – Einführung in die Wahrscheinlichkeitstheorie und Statistik, 3. Auflage, de Gruyter 2007, 153
[26] Köhler, R.; Altmann, G.; Piotrowski, R.G.: Quantitative Linguistik – Ein Internationales Handbuch, de Gruyter 2005, S. 3ff

Gegeben sei beispielsweise der Zustandsraum $E = \{1,2,3\}$ und die Übergangsmatrix Π, mit

$$\Pi = \begin{matrix} 1/2 & 1/2 & 0 \\ 1/3 & 1/3 & 1/3 \\ 1 & 0 & 0 \end{matrix} \ ,$$

dann sieht der zugehörige Übergangsgraph wie folgt aus:

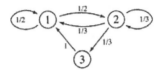

Abb. 2: Beispiel – Übergangsgraph[27]

3.3 Markov Modelle

Ein Markov Modell (auch: Visible Markov Model = VMM) beschreibt nun eine System von Informationen und Werten, welche für die Erstellung einer Markov-Kette notwendig sind. Die Markov-Kette kann demnach als Ausgabe des Markov Modells verstanden werden.

Beim VMM entspricht jeder Zustand genau einem Ereignis, wobei genau eine Beobachtungssequenz zugrunde gelegt wird (siehe Beispiel der Markov-Kette in Kapitel 3.2). Man unterscheidet hiervon das Hidden Markov Model (HMM), welche mehrere Beobachtungssequenzen zulässt, die in einem stochastischen Zusammenhang zueinander stehen[28]. Hierzu werden demnach mehrere Übergangsmatrizen benötigt.

Diese Übergangsmatrizen können beispielsweise über die Ordnung (n) des Markov Modells ermittelt werden, welche definiert, von wie vielen Zuständen der jeweils nächste Zustand abhängig ist. Das bedeutet, dass der nachfolgende Zustand nun nicht mehr ausschließlich vom vorhergehenden Zustand abhängt, sondern von den n vorhergehenden Zuständen.

Im nachfolgenden Kapitel wird deutlich, dass der Markov Methode im Process Mining, im Allgemeinen Hidden Markov Modelle n-ter Ordnung zugrunde gelegt werden.

---

[27] Georgi, H.: Stochastik – Einführung in die Wahrscheinlichkeitstheorie und Statistik, 3. Auflage, de Gruyter 2007, 154
[28] Rabiner, L.R.: A Tutorial on Hidden Markov Models and Selected Applications in Speech Recognition, In: Processings of the IEEE, Vol. 77, No. 2, February 1989, S. 259f

Formal gesehen ist ein Hidden Markov Modell ein Tupel N, L, A, B, π , mit[29]:

- N ist eine endliche Menge von Zuständen

- L ist eine endliche Menge von Beobachtungen

- $A: N \times N \rightarrow [0,1]$ ist eine Übergangsmatrix, mit: $\forall s_1 \in N \, \Sigma_{s_2 \in N} A \, s_1, s_2 = 1$

- $B: N \times L \rightarrow [0,1]$ sind Beobachtungwahrscheinlichkeiten, mit: $\forall s \in N \, \Sigma_{o \in N} B \, s, o = 1$

- $\pi: N \rightarrow [0,1]$ ist der Initialzustand mit: $\Sigma_{s \in N} \pi \, s = 1$

---

[29] Rozinat,A.; Veloso, M.; van der Aalst, W.M.P: Using Hidden Markov Models to Evaluate the Quality of Discovered Process Models, In: BPM Center Report, Eindhoven 2008, S. 6

4. Markov-basiertes Process Mining

4.1 Einführung

Der Fokus der vorliegenden Arbeit liegt wie bereits erwähnt auf dem Markov Ansatz, einer hybriden Methode des Process Mining. Diese, durch Cook und Wolf entwickelt Methode, nutzt das Konzept der Markov Modelle um die wahrscheinlichsten Ereignissequenzen zu identifizieren, und diese anschließend in Zustände und Transitionen eines endlichen Zustandsautomaten zu transformieren, welcher im nachfolgenden Teilkapitel definiert wird. Zunächst wird jedoch kurz auf den Grundgedanken des Ansatzes eingegangen.

Ein diskretes Markov Modell n-ter Ordnung eines Systems ist eine beschränkte probabilistische Repräsentation eines Prozesses, welche folgende Annahmen trifft[30]:

1. Die Anzahl der Zustände ist endlich.

2. Zu jedem Zeitpunkt, ist die Wahrscheinlichkeit, dass sich ein Prozess in einem bestimmten Zustand befindet ausschließlich abhängig von den n letzten Zuständen in welchen sich der Prozess befand (*Markov-Eigenschaft*).

3. Die Übergangswahrscheinlichkeiten ändern sich nicht.

4. Der initiale Zustand des Prozesses wird statistisch definiert.

Die Grundidee der Markov Methode ist demnach die Nutzung von Übergangswahrscheinlichkeiten von Ereignissen und Ereignissequenzen. Es werden entsprechende Wahrscheinlichkeitstabellen erstellt, auf deren Basis ein endlicher Zustandsautomat (Kapitel 4.2) abgeleitet wird.

Die Parametrisierung (Kapitel 4.3) sowie die konkrete Anwendung der Methode (Kapitel 4.4) wird in Kapitel 4.5 exemplarisch illustriert. Kapitel 4.6 beschäftigt sich anschließend mit vier Metriken zur Erkennung paralleler Abläufe, welche als Erweiterung der Markov Methode vorgeschlagen werden. Kapitel 4.7 evaluiert das vorgestellte Konzept. Abschließend werden in Kapitel 4.8 verwandte Arbeiten vorgestellt.

---

[30] Cook, J.E.; Wolf, A.L.: Discovering Models of Software Processes from Event-Based Data, In: ACM Transcations on Software Engineering and Methodology, Volume 7 Issue 3, Juli 1998, S. 232

4.2 Endlicher Zustandsautomat (FSM)

Der endliche Zustandsautomat (engl. „Finite State Machine" = FSM), im Folgenden auch Automat genannt, wird in der Literatur in unterschiedlichen Varianten definiert. Da im Falle des Markov Ansatzes im Process Mining ausschließlich der endliche Zustandsautomat relevant ist, wird dieser im Folgenden definiert.

„Ein endlicher Automat M wird spezifiziert durch ein 5-Tupel $M = Z, \Sigma, \delta, z_0, E$. Hierbei bezeichnet Z die Menge der Zustände und Σ ist das Eingabealphabet, $Z \cap \Sigma = \phi$. Z und Σ sind endliche Mengen. $z_0 \in Z$ ist der Startzustand, $E \subseteq Z$ ist die Menge der Endzustände und $\delta: Z \times \Sigma \to Z$ heißt die Überführungsfunktion."[31]

Automaten können als Graphen wie im folgenden Beispiel dargestellt werden.

Sei $M = Z, \Sigma, \delta, z_0, E$, wobei $Z = z_0, z_1, z_2, z_3$ $\Sigma = a, b$ $E = z_3$

$\delta\ z_0, a\ = z_1$ $\quad \delta\ z_0, b\ = z_3$ $\quad \delta\ z_1, a\ = z_2$ $\quad \delta\ z_1, b\ = z_0$

$\delta\ z_2, a\ = z_3$ $\quad \delta\ z_2, b\ = z_1$ $\quad \delta\ z_3, a\ = z_0$ $\quad \delta\ z_4, b\ = z_2$

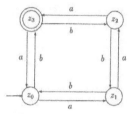

Abb. 3: Endlicher Zustandsautomat - Beispiel[32]

- Der Startzustand wird durch einen Pfeil gekennzeichnet.

- Endzustände haben eine doppelte Umrandung.

- Überführungsfunktionen werden durch markierte gerichtete Kanten (Transitionen) dargestellt.

---

[31] Jäger, G.: Vorlesung der Formalen Methoden, Uni Bielefeld, WS 2007/2008 vom 09.01.2008, Folie 7.
[32] Jäger, G.: Vorlesung der Formalen Methoden, Uni Bielefeld, WS 2007/2008 vom 09.01.2008, Folie 9.

4.3 Parametrisierung

Der Markov Ansatz nutzt das Konzept der in Kapitel 3.2 erläuterten Markov Modelle, um die wahrscheinlichsten Ereignissequenzen auf Basis eines gegebenen Log-Streams (kurz: Stream = Aneinanderreihung von Ereignissen eines Logs in Fallreihenfolge) zu identifizieren und auf Basis dieser Wahrscheinlichkeiten Zustände und Transitionen (Zustandsübergänge) innerhalb eines endlichen Standsautomaten zu erzeugen. Im Vorfeld können dazu mehrere Parameter gesetzt und somit der Algorithmus konfiguriert werden.

- *Ordnungsparameter „n":* Legt die Ordnung des Markov Modells fest. Hier wird also definiert, wie viele Vorgängerereignisse für die Wahrscheinlichkeitsbestimmung eines Zustands herangezogen werden.

- *Wahrscheinlichkeitsschwelle:* Legt die minimale Wahrscheinlichkeit fest, ab welcher eine Ereignissequenz in den Zustandsautomaten aufgenommen überführt wird.

- *Häufigkeitsparameter:* Legt die minimale Anzahl der Vorkommnisse einer Sequenz innerhalb eines Streams fest, ab welcher eine Ereignissequenz in den Zustandsautomaten überführt wird.

Die letzten beiden Parameter sind nicht direkt auf das Markov Modell zurückzuführen, sondern vielmehr auf die Markov Methode selbst. Hierdurch kann eine Konfiguration des Mining-Prozesses erfolgen, welche gerade bei unterschiedlichen Stream-Längen und Zielsetzungen vorteilhaft ist.

4.4 Beispiel

Das Processing der Markov Methode wird im folgenden Kapitel anhand der Bearbeitung eines Beispielstreams, der Bearbeitung einer Bestellung, erläutert und veranschaulicht. Dieser Stream beinhaltet drei unterschiedliche Ereignistypen: Bestellannahme (A), Bestellung Ware beim Lieferanten (B) und Fakturierung der Bestellung (F). Dabei charakterisieren genau zwei Sequenzen den korrekten Ablauf des Prozesses.

    1. A → B → F
    2. A → F → B

Der hier verwendete Beispielstream ist zwar simpel, konstruiert allerdings eine grundlegende Problematik im Process Mining – die Erkennung konkurrierender Abläufe (siehe Kapitel 2.4.5).

BFABFAFBAFBABFAFBAFBABFAFBABFABFAFBAFB

Abb. 4: Beispielstream[33]

Cook und Wolf beschreiben den Ablauf der Markov Methode in vier Schritten, jedoch wird zusätzlich ein weiterer Schritt zur Optimierung des Automaten vorgestellt, welche in der vorliegenden Arbeit als fünfter Schritt betrachtet wird. Das vollständige Vorgehen sieht demnach wie folgt aus:

1. Erstellung von Wahrscheinlichkeitstabellen
2. Konstruktion eines gerichteten Graphen
3. Auflösung überladener Knoten
4. Konvertierung in einen endlichen Zustandsautomaten
5. Zusammenführung nichtdeterministischer Transitionen

Diese fünf Schritte (Processing) werden nun im Detail erläutert, wobei von folgender Konfiguration ausgegangen wird:

- Ordnungsparameter n = 2
- Wahrscheinlichkeitsschwelle p = 0,5
- Häufigkeitsparameter m = 3

4.5 Processing

4.5.1 Erstellung von Wahrscheinlichkeitstabellen

In diesem ersten Schritt werden die notwendigen Wahrscheinlichkeitstabellen konstruiert, welche die Grundlage für die weiteren Schritte bildet. Da der Ordnungsparameter $n = 2$ gewählt wurde, werden hier die Wahrscheinlichkeiten bis zur zweiten Ordnung betrachtet. Dazu werden zunächst die Häufigkeiten der Vorkommnisse der einzelnen Ereignissequenzen im Beispielstream gezählt, um daraus die Wahrscheinlichkeiten zu berechnen. Die ermittelten Häufigkeiten werden nicht ausschließlich zur Berechnung verwendet, sondern sind für die Selektion von bestimmten Sequenzen im Hinblick auf den Häufigkeitsparameter notwendige Größen im Verfahren. Folgende Verteilungen ergeben sich durch dieses Vorgehen.

---

[33] Eigenes Beispiel in Anlehnung an: Cook, J.E.; Wolf, A.L.: Discovering Models of Software Processes from Event-Based Data, In: ACM Transcations on Software Engineering and Methodology, Volume 7 Issue 3, Juli 1998, S. 225

	B		F		A		Σ#
	#	P	#	P	#	P	
B	0	0	6	0,5	6	0,5	12
F	7	0,54	0	0	6	0,46	13
A	5	0,42	7	0,58	0	0	12

Tabelle 3: Wahrscheinlichkeitsverteilung 1. Ordnung (Markov)[34]

	B		F		A		Σ#
	#	P	#	P	#	P	
BB	0	0	0	0	0	0	0
BF	0	0	0	0	6	1	6
BA	3	0,5	3	0,5	0	0	6
FB	0	0	0	0	6	1	6
FF	0	0	0	0	0	0	0
FA	2	0,33	4	0,67	0	0	6
AB	0	0	5	1	0	0	5
AF	7	1	0	0	0	0	7
AA	0	0	0	0	0	0	0

Tabelle 4: Wahrscheinlichkeitsverteilung 2. Ordnung (Markov)[35]

4.5.2 Konstruktion eines gerichteten Graphen

Aus den im ersten Schritt erzeugten Wahrscheinlichkeitstabellen wird nun ein gerichteter Ereignisgraph G wie folgt konstruiert.

1. Für jeden Ereignistyp wird genau ein Knoten im Ereignisgraph generiert.

2. Für jede Ereignissequenz, dessen Wahrscheinlichkeit entsprechend der Tabelle größer oder gleich der Wahrscheinlichkeitsschwelle p ist (hier: ≥ 0,5) und welche mindestens m mal im Stream vorkommt (hier mindestens 3 mal), wird genau eine markierte Kante, von einem Element in der Sequenz zum direkten Nachfolger in der Sequenz im Graphen erstellt.

Betrachte man im Beispiel die Sequenz BAF, welche im Stream 6 mal vorkommt und deren Wahrscheinlichkeit 1 ist, so werden Kanten vom Knoten B

---

[34] Eigene Erstellung in Anlehnung an Cook, J.E.; Wolf, A.L.: Discovering Models of Software Processes from Event-Based Data, In: ACM Transcations on Software Engineering and Methodology, Volume 7 Issue 3, Juli 1998, S. 233
[35] Eigene Erstellung in Anlehnung an Cook, J.E.; Wolf, A.L.: Discovering Models of Software Processes from Event-Based Data, In: ACM Transcations on Software Engineering and Methodology, Volume 7 Issue 3, Juli 1998, S. 233

nach A und vom Knoten A nach F im Ereignisgraph erzeugt (alle relevanten Werte sind in Tabelle 4 fett gedruckt). Die Sequenz FAB, welche nur 2 mal vorkommt und eine Wahrscheinlichkeit von 0,33 vorweist, wird hingegen ignoriert. Dies zeigt bereits an dieser Stelle wie durch eine geeignete Konfiguration des Algorithmus auf Rauschdaten reagiert werden kann.

Die Anwendung dieser Vorgehensweise führt zu folgendem Graphen.

Abb. 5: Ereignisgraph nach Schritt 2 (Markov)[36]

4.5.3 Auflösung überladener Knoten

Der letzte Schritt kann zu einer Überladung von Knoten führen. Das bedeutet, dass Ereignissequenzen durch den Graphen repräsentiert werden, welche eigentlich nicht zulässig sind (z.b. BFB), bzw. nicht im Stream enthalten sind. Um diesen Fehler zu korrigieren werden überladene Knoten in mehrere Knoten aufgeteilt. Hierzu werden zu jedem Knoten alle disjunkten sortierten Mengen (Tupel) {Vorgängerknoten, Nachfolgerknoten} mit einer Sequenzwahrscheinlichkeit P(Nachfolgerknoten | Vorgängerknoten→Knoten) ≥ 0 identifiziert. Der Knoten wird dann in so viele Knoten aufgeteilt, wie disjunkte Mengen existieren.

Betrachte man im Beispiel den Knoten F mit folgenden, im Ereignisgraph möglichen, Sequenzen:

(1) BFB mit P = 0
(2) BFA mit P = 1
(3) AFB mit P = 1
(4) AFA mit P = 0

So erhält man zwei disjunkte sortierte Mengen mit einer Sequenzwahrscheinlichkeit > 0. Demnach wird der Knoten F in zwei Knoten F geteilt, wodurch die Sequenzen BFB und AFA nicht mehr durch den Graphen repräsentiert werden. Der aktuelle Schritt erzeugt in der Anwendung auf das Beispiel folgenden Graphen.

---

[36] Eigene Erstellung

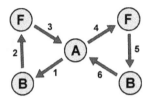

Abb. 6: Ereignisgraph nach Schritt 3 (Markov)[37]

4.5.4 Konvertierung in einen endlichen Zustandsautomaten

Der resultierende Ereignisgraph G wird nun in einen endlichen Zustandsautomaten G' wie folgt konvertiert. Jeder Kante in G wird ein Knoten in G' zugeordnet, welcher durch die bisherige Kantenbeschriftung in G markiert wird. Für jedes Tupel <Eingangskante, Ausgangskante> eines Knotens in G wird eine Kante in G' vom Knoten entsprechend der Eingangskante zum Knoten entsprechend der Ausgangskante erzeugt. Diese Kanten in G' werden mit der Bezeichnung der entsprechenden Knoten in G (Ereignistyp) markiert.

Im Beispiel wird also der Knoten 5 in G' von einer Kante 5 in G erzeugt, welche die Knoten F und B in G verbindet. Der Resultierende Zustandsautomat sieht demnach wie folgt aus.

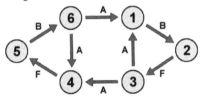

Abb. 7: Endlicher Zustandsautomat nach Schritt 4 (Markov)[38]

4.5.5 Zusammenführung nichtdeterministischer Transitionen

Bei dem im letzten Schritt entstandenen Zustandsautomaten handelt es sich um einen nichtdeterministischen endlichen Zustandsautomaten. Nichtdeterministische Transitionen machen allerdings nur dann Sinn, wenn Sie einen Konflikt lösen, wenn also zwei unterschiedliche Transitionen von einem Zustand ausgehen. Im Beispiel existieren zwei Zustände, 1 und 4, deren Ausgangstransitionen konfliktfrei sind. Von beiden Zuständen gehen jeweils zwei Transitionen E aus. Da dies nicht notwendig ist, können diese nichtdeterministischen und kon-

---

[37] Eigene Erstellung
[38] Eigene Erstellung

fliktlosen Transitionen und Zustände zusammengeführt und somit der Zustandsautomat reduziert werden. Im Beispiel werden demnach die Zustände 1 und 4 zusammengeführt, was im Resultat zu einem Wegfall zweier Transitionen E führt.

Es ist allerdings zu beachten, dass beide Zustände weiterhin im Automaten erhalten bleiben müssen, da andernfalls ein vorher ermittelter Zustand fehlen würde. Cook und Wolf interpretieren in diesem Fall denjenigen Zustand um, welcher im Ereignisstream zuerst erscheint. Im Beispielfall führt dies zu einer Aggregation der beiden Zustände im Zustand 4 und einem als Startzustand interpretierbaren Zustand 1. Die folgende Abbildung zeigt den resultieren Automaten.

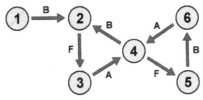

Abb. 8: Endlicher Zustandsautomat nach Schritt 5 (Markov)[39]

4.6 Metriken zur Erkennung paralleler Abläufe

4.6.1 Vorbemerkung

Als Erweiterung zur Markov Methoden schlagen Cook und Wolf vier Metriken[40] vor, mit deren Kombination die Identifizierung paralleler bzw. konkurrierender Tasks realisiert werden soll. Diese sind:

1. *Entropy:* Misst den Informationsgehalt von Ereignistypen.

2. *Event type counts:* Hilfsmittel zur Unterscheidung von sequenziellen und parallelen Abläufen.

3. *Periodicy:* Maßeinheit für die Regelmäßigkeit des Auftretens von Ereignistypen.

---

[39] Eigene Erstellung in Anlehnung an Cook, J.E.; Wolf, A.L.: Discovering Models of Software Processes from Event-Based Data, In: ACM Transcations on Software Engineering and Methodology, Volume 7 Issue 3, Juli 1998, S. 234
[40] Cook, J.E., Wolf, A.L.: Event-based detection of concurrency, In: Proceedings of the Sixth International Symposium on the Foundations of Software Engineering 1998, S. 6ff

4. *Causality:* Unterscheidung zwischen sequenziellen 2-Ereignis-Schleifen und Parallelität.

Diese Metriken werden im Folgenden als Erweiterung der Markov Methode erläutert.

4.6.2 Entropy

Die Entropy gibt Aufschluss über die Verteilung von Wahrscheinlichkeiten. Folgt beispielsweise auf Ereignis A immer Ereignis B, dann ist die Wahrscheinlichkeit P(B|A) = 1 und für alle anderen Ereignisse E ist die Wahrscheinlichkeit P(E|A) = 0. Dies bedeutet, dass das Verhalten nach A deterministisch ist, sodass die Entropy = 0 ist. Wenn hingegen auf A mehrere Ereignisse folgen, dann sind die Wahrscheinlichkeiten verteilt, was eine Erhöhung der Entropy zur Folge hat. Demnach impliziert eine Entropy von 0 komplette Information und eine Entropy von 1 keine Information. Die Entropy ist also wie folgt definiert:

$$E\ T\ =\ \sum_{i=1}^{N} P(E_i|T) \log_N P(E_i|T)$$

Dabei ist $P(E_i|T)$ die Wahrscheinlichkeit, dass Ereignis E vorkommt, wenn Ereignis T gerade vorkam und N die Anzahl der möglichen Ereignistypen. $log_N T$ ist das Entropy-Limit für eine T-Weg Gabelung mit N möglichen Ereignistypen. Diese Metrik allein kann allerdings keinen Aufschluss über Parallelität oder Konkurrenz geben, da beispielsweise aus einer balancierten Ereignisgabelung dieselben Wahrscheinlichkeiten wie aus einem parallelen Ablauf (AND) resultieren.

4.6.3 Event Type Counts

Es sei ein Ereignistyp (A) gegeben, welcher mehrere Nachfolger (B und C) mit unterschiedlichen Häufigkeiten hat. Nun muss entschieden werden, ob es sich dabei um ein paralleles oder konkurrierendes Verhalten handelt. Hierfür wird als Indikator die Häufigkeit des Auftretens von Ereignistypen (Event Type Counts) herangezogen.

Angenommen es handelt sich um einen parallelen Ablauf von B und C und Ereignis A kommt 8x vor, dann müssten ebenfalls 8x B und 8x C vorkommen. Handelt es sich hingegen um einen konkurrierenden Ablauf, dann müsste die Summe der Häufigkeiten von B und C genau 8 ergeben, also beispielsweise 3x B und 5x C.

4.6.4 Periodicy

Hierbei wird das iterative Verhalten eines Prozesses betrachtet. In jeder Iteration des Prozesses werden die Ereignistypen regelmäßig oder unregelmäßig auftreten. Demnach können Gabelungs- und Zusammenführungspunkte wie folgt ermittelt werden.

1. Markieren der Positionen, an welchen ein Ereignistyp auftritt
2. Berechnung der Differenz zwischen den aufeinanderfolgenden markierten Positionen
3. Berechnung des Durchschnitts und der Standardabweichung dieser Differenzen

Gegeben sei beispielsweise ein Ereignis A, auf welches 3 Ereignisse (B, C, D) folgen. Fall 1 beschreibt das parallele, Fall 2 das konkurrierende Verhalten. Ereignis E sei der Zusammenführungspunkt. Im ersten Fall würde A immer an der Position 1 im Ereignis-Stream stehen und Ereignis E immer an Position 5. Im zweiten Fall würde Ereignis A ebenfalls immer an Position 1 des Streams stehen und Ereignis E immer an Position 3.

Diejenigen Ereignistypen mit der geringsten Standardabweichung markieren demnach die Synchronisationspunkte in einem Prozess. Der Durchschnitt erfasst, wie lange sich ein Prozess in einer Periode befindet.

4.6.5 Deciding Causality

Wenn die Sequenzen AB und BA in einem Ereignis-Stream nicht auftreten kann davon ausgegangen werden, dass das Ereignis A keinen kausalen Bezug zu Ereignis B hat und umgekehrt. Wenn allerdings signifikante Wahrscheinlichkeiten für das Auftreten der Sequenzen existieren, muss entschieden werden, welche kausale Beziehung dieses Verhalten beschreibt.

Wenn ausschließlich eine der beiden Sequenzen auftritt, kann auf eine kausale Ordnung von A nach B (B nach A) geschlossen werden, wenn jedoch beide Sequenzen auftreten, könnte es sich einerseits um eine Schleife oder andererseits um Parallelität handeln. Diese beiden Fälle können durch Wahrscheinlichkeiten unterschieden werden - wenn $P(B|A) + P(A|B) \geq 1,5$, dann liegt eine kausale Beziehung in einer Zwei-Ereignis-Schleif vor, andernfalls kausale Unabhängigkeit.

Die minimale Sequenz, anhand derer sich im genannten Fall eine Schleife erkennen lässt, ist XABAY oder XABABY, wobei es sich bei X und Y um andere Ereignisse handelt und davon ausgegangen wird, dass die Schleife an beiden Punkten (A oder B) verlassen werden kann. In der ersten Sequenz ist

$P\ B|A\ = 0{,}5$ und $P\ A|B\ = 1{,}0$, in der zweiten Sequenz ist $P\ B|A\ = 1{,}0$ und $P\ A|B\ = 0{,}5$.

Je öfter die Schleife durchlaufen wird, desto größer werden die Wahrscheinlichkeiten und die Summe der Wahrscheinlichkeiten nähert sich 2 an.

4.7 Evaluation

Durch die Wahrscheinlichkeits- und Häufigkeitsschwelle für das Auftreten von Ereignissequenzen ist die Markov Methode in der Lage in geeigneter Weise auf Rauschdaten zu reagieren. Die Nutzung dieser Parameter kann allerdings im Gegenzug zu Problemen führen, da die Korrektheit des resultierenden Zustandsautomaten nur garantiert werden kann, wenn beide Parameter Null sind[41].

Sobald die Parameter größer Null sind, können Transitionen durch den Algorithmus ignoriert werden, sodass diese im Resultat nicht auftreten. Es werden folglich nicht nur Rauschdaten gefiltert, sondern im Zweifel auch Ereignissequenzen oder Zustandsübergange, die nur selten Auftreten, aber trotzdem ein korrektes Verhalten darstellen. Dadurch können einerseits wertvolle Informationen verloren gehen und andererseits kann nicht garantiert werden, dass der resultierende Zustandsautomat alle möglichen Prozessverhaltensweisen innerhalb des übergebenen Logs, repräsentiert.

Dieses Problem führt im Folgeschluss direkt zu der Schwierigkeit einer geeigneten Parametrisierung. Generell kann davon ausgegangen werden, dass die Länge des Übergebenen Logs einen entscheiden Einfluss auf die beinhaltenden Rauschdaten hat. Da der Häufigkeitsparamater ein konstanter Wert ist, ist für eine geeignete Parametrisierung ein Vorwissen über das zu übergebene Log notwendig, da andernfalls kein aussagekräftiger Wert bestimmt werden kann. Ähnliches gilt für die Wahrscheinlichkeitsschwelle; im konkreten Anwendungsfall ist es schwer abzuschätzen, welche Menge an Rauschdaten durch das eingesetzte System, oder die eingesetzten Systeme, generiert wird. Es ist demzufolge nicht möglich eine allgemeine Parametrisierung vorzuschlagen, welche qualitativ[42] vergleichbare Ergebnisse liefert.

---

[41] Cook, J.E.; Wolf, A.L.: Automating Process Discovery through Event-Data Analyses, In: 17th International Conference on Software Engineering 1995, S. 80f

[42] Rozinat, A.; de Medeiros, A., Günther, C.W., Weijters, A.J.M.M., van der Aalst, W.M.P.: Towards an Evaluation Framework for Process Mining Algorithms, In: Business Process Management Workshops, Vol. 4928/2008

Im Gegenzug dazu kann die Parametrisierung gleichzeitig zur Regulierung der Komplexität des resultierenden Zustandsautomaten genutzt werden. Jeder höher die Parameter (Wahrscheinlichkeitsschwelle und Häufigkeitsschwelle) gesetzt werden, desto mehr weniger wahrscheinliche Sequenzen werden ausgeblendet. Dies kann gerade bei großen Datenmengen sinnvoll sein, da der „Standard-Prozess" gut repräsentiert werden kann.

Vorteilhaft ist weiterhin, dass durch den Ordnungsparameter das „Gedächtnis" des Algorithmus gesteuert werden kann. Somit können Zustandsübergreifende Beziehungen, im Gegensatz zum (beispielsweise) α-Algorithmus, erfasst werden. In der Literatur werden derzeit allerdings nur Modelle erster und zweiter Ordnung konstruiert, was unter anderem auf die exponentiell steigende Laufzeit in Abhängigkeit der Ordnung zurückzuführen ist.

Cook et. al. haben in einer Wirtschaftsstudie[43] versucht, die vorgestellte Methode mit realen Daten prozessieren zu lassen. Dies wurde einmal mit einer Parametrisierung von $p = 0{,}2$, $m = 3$ und einmal mit $p = 0{,}4$, $m = 5$ (in beiden Fällen war n=2) getan, wobei die geringe Parametrisierung zu einem „zu" detaillierten und die hohe Parametrisierung zu einem grobgranularen Resultat führte. Die Automaten wurden anschließend manuell mit diversen Modifikationen durch einen Prozess Designer zu einem vollständigen Modell zusammengeführt.[44] Dieses Ergebnis hat einerseits gezeigt, dass es nicht möglich war ein komplettes Modell, allein auf Basis des Algorithmus, automatisch zu erzeugen, und andererseits die nach wie vor wichtige Rolle des Prozess Designer verdeutlicht.

Diverse wissenschaftliche Arbeiten versuchen dem Abhilfe zu schaffen, indem weitere (sowohl algorithmische als auch stochastische) Ansätze mit der Konstruktion von Hidden Markov Modellen kombiniert werden. Siehe hierzu Kapitel 4.8 – „Related Work".

4.8 „Related Work"

Da Silva und Ferreira beschreiben mit dem „HMM Based Sequence Clustering algorithm"[45] eine Methode, welche Markov Modelle nicht direkt zur Erzeu-

[43] Cook, J.E.; Votta, L.; Wolf, A.L.: Cost-effective analyses of in-place software processes, In: IEEE Transactions on Software Engineering Volume 24 Issue 8, August 1998
[44] Cook, J.E.; Wolf, A.L.: Discovering Models of Software Processes from Event-Based Data, In: ACM Transcations on Software Engineering and Methodology, Volume 7 Issue 3, Juli 1998, S. 242
[45] da Silva, G.A.; Ferreira, D.R.: Applying Hidden Markov Models to Process Mining, In Rocha, A.; Restivo, F.; Reis, L.P.; Torrã, S. (Hrsg.): Sistemas e Tecnologias de Informação: Actas

gung eines Prozessmodells genutzt wird. Hierbei wird eine Zusammenführung von Ereignissequenzen auf Basis von Markov Ketten realisiert, wodurch das Markov Modell lediglich für einen Teilbereich der Modellerzeugung eingesetzt wird.

Yan und Yu-qiang nutzen Markov wiederum direkt zu Erzeugung des Prozessmodells, jedoch wird hier die vorgestellte Markov-Methode durch fünf logische (Ordnungs-)Relationen erweitert[46]. Bei diesen, im konkreten Fall auch Mining-Regeln genannten, Ordnungsrelationen handelt es sich um „sequence relation", „causal relation", „exclusive relation", „parallel relation" and „iteration relation".

Herbst und Karagiannis versuchen Prozesse mit zwei unterschiedlichen Algorithmen abzuleiten[47]. Der Erste erzeugt hierbei die Struktur von sequenziellen Workflows, der Zweite ist verantwortlich für die Erzeugung von Transitionsbedingungen. Im ersten Fall handelt es sich dabei um das „Bayesian Model Merging", wobei auf Markov Modelle zurückgegriffen wird, bei denen die Wahrscheinlichkeiten invertiert werden (Bayes-Wahrscheinlichkeiten).

Diese Beispiele, um nur einige zu nennen, zeigen, dass Markov Modelle eine hohe Relevanz im Kontext des Process Mining vorweisen. Diverse weitere Autoren machen weiterhin von der Markov Eigenschaft (der aktuelle Zustand hängt ausschließlich von den n vorhergehenden Zuständen ab) gebrauch, ohne Markov Modelle direkt im Algorithmus einzusetzen.

da 4ª Conferência Ibérica de Sistemas e Tecnologias de Informação, AISTI/FEUP/UPF, 2009, S. 207ff
[46] Yan, L, Yu-qiang, F: An Automatic Business Process Modeling Method Based on Markov Transition Matrix in BPM, In: International Conference on Management Science and Engineering, 2006, S. 46-51
[47] Herbst, J.; Karagiannis, D: Integrating Machine Learning and Workflow Management to Support Acqusition and Adaption of Workflow Models, In: 9th International Workshop on Database and Expert Systems Applications, 1998, S. 745ff

5. Zusammenfassung und Fazit

Die vorliegende Arbeit hat zunächst in die Thematik des Process Mining im Allgemeinen eingeführt und einen Ordnungsrahmen für die Abgrenzung des Kernthemas, dem Markov-basierten Process Mining, zur Verfügung gestellt. Nach einer kurzen Einführung in Markov Modelle wurde die Markov Methode im Process Mining detailliert vorgestellt und anhand eines Beispiels illustriert. Ergänzend dazu wurden vier Metriken zur Erkennung paralleler bzw. konkurrierender Tasks erläutert, welche als Erweiterung der Basismethode anzusehen sind.

In der anschließenden Evaluation des Verfahrens wurde festgehalten, dass die Methode allein nicht in der Lage ist, selbstständig und automatisch ein komplettes Modell aus einem gegebenen Ereignislog abzuleiten, sodass hier durchaus Erweiterungsbedarf gegeben ist.

Die Markov Methode beschäftigt sich im Wesentlichen mit den Herausforderungen der Rauschdatenbehandlung, sowie mit parallelen / konkurrierenden Tasks und Schleifen. Wie allerdings in Kapitel 4.8 gezeigt wurde, existieren Ansätze, womit durch die Kombination weiterer Algorithmen mit Markov-basiertem Process Mining auch weitere Herausforderungen (siehe Kapitel 2.4.5) in den Fokus genommen werden können. Demnach bieten Markov Modelle im Allgemeinen oder Markov-basiertes Process Mining im Speziellen, eine solide Grundlage für die automatische Ableitung von Geschäftsprozessen aus Ereignislogs.

Literaturverzeichnis

Bissantz, N; Hagedorn, J.: Data Mining (Datenmustererkennung) , In: Wirtschaftsinformatik Volume 35 (1993)

Cook, J.E.; Wolf, A.L.: Automating Process Discovery through Event-Data Analyses, In: 17th International Conference on Software Engineering 1995

Cook, J.E.; Wolf, A.L.: Discovering Models of Software Processes from Event-Based Data, In: ACM Transcations on Software Engineering and Methodology, Volume 7 Issue 3, Juli 1998

Cook, J.E., Wolf, A.L.: Event-based detection of concurrency, In: Proceedings of the Sixth International Symposium on the Foundations of Software Engineering 1998

Cook, J.E.; Wolf, A.L.; Votta, L.: Cost-effective analyses of in-place software processes, In: IEEE Transactions on Software Engineering Volume 24 Issue 8, August 1998

da Silva, G.A.; Ferreira, D.R.: Applying Hidden Markov Models to Process Mining, In Rocha, A.; Restivo, F.; Reis, L.P.; Torrã, S. (Hrsg.): Sistemas e Tecnologias de Informação: Actas da 4ª Conferência Ibérica de Sistemas e Tecnologias de Informação, AISTI/FEUP/UPF, 2009

Georgi, H.: Stochastik – Einführung in die Wahrscheinlichkeitstheorie und Statistik, 3. Auf-lage, de Gruyter 2007

Herbst, J: Ein induktiver Ansatz zur Akqusition und Adaption von Workflow-Modellen, Tenea Verlag für Media, Berlin 2004, S. 8ff Maruster, L; Weijters, A; van der Aalst, W: Workflow Mining – Discovering process models from event logs, In: IEEE Transactions on Knowledge and Data Engineering Volume 16, 2004

Herbst, J.; Karagiannis, D: Integrating Machine Learning and Workflow Management to Support Acqusition and Adaption of Workflow Models, In: 9th International Workshop on Database and Expert Systems Applications, 1998

Hütt, M.; Dehnert, M.: Methoden der Bioinformatik – Eine Einführung, Springer

Jäger, G.: Vorlesung der Formalen Methoden, Uni Bielefeld, WS 2007/2008 vom 09.01.2008

Köhler, R.; Altmann, G.; Piotrowski, R.G.: Quantitative Linguistik – Ein Internationales Handbuch, de Gruyter 2005

Ly, L.T.: Process Mining – Bestehende Ansätze und weiterführende Aspekte, http://dbis.eprints.uni-ulm.de/543/, Zugang erforderlich, Abrufdatum: 14.10.2010

Marinell, G.: Mathematik für Sozial- und Wirtschaftswissenschaftler, 7. Auflage, Oldenbourg

Maruster, L; Weijters, A; van der Aalst, W: Workflow Mining – Discovering process models from event logs, In: IEEE Transactions on Knowledge and Data Engineering Volume 16, 2004

Petersohn, H.: Data Mining: Verfahren, Prozesse, Anwendungsarchitektur; Oldenbourg Wissenschaftsverlag 2005

Rabiner, L.R.: A Tutorial on Hidden Markov Models and Selected Applications in Speech Recognition, In: Proceesings of the IEEE, Vol. 77, No. 2, February 1989

Rozinat, A.; de Medeiros, A., Günther, C.W., Weijters, A.J.M.M., van der Aalst, W.M.P.: Towards an Evaluation Framework for Process Mining Algorithms, In: Business Process Management Workshops, Vol. 4928/2008

Rozinat, A.; Veloso, M.; van der Aalst, W.M.P: Using Hidden Markov Models to Evaluate the Quality of Discovered Process Models, In: BPM Center Report, Eindhoven 2008

Sun, J; Wand, J; Wen, L, van der Aalst, W: Mining process models with non-free-choice constructs, In: Data Mining and Knowledge Discovery, Volume 15 (2007)

Van der Aalst, W.M.P: Business Alignment – Using Process mining as a Tool for Delta Analysis, In: Requirements Engineering, Volume 10, Springer 2005

Van der Aalst, W.M.P: Decision Support Based on Process Mining, In: Burstein, F; Holsapple C.W.: Handbook on Decision Support Systems 1 – Basic Themes, International Handbooks on Information Systems 2008

Van der Aalst, W.M.P: Process Mining, In: Liu, Ling; Özsu, M.T.: Encyclopedia of Database Systems, Springer 2009

Yan, L.; Yu-qiang, F: An Automatic Business Process Modeling Method Based on Markov Transition Matrix in BPM, In: International Conference on Management Science and Engineering, 2006